EN İYİ BOTANİK KOKTEYL KILAVUZU

Bahçeden Bardağa 100 Hızlı ve Kolay İçecek

Yunus Emre Kurt

Telif Hakkı Malzemesi ©2024

Her hakkı saklıdır

Bu kitabın hiçbir bölümü, incelemede kullanılan kısa alıntılar dışında, yayıncının ve telif hakkı sahibinin uygun yazılı izni olmadan, hiçbir şekilde veya yöntemle kullanılamaz veya aktarılamaz. Bu kitap tıbbi, hukuki veya diğer profesyonel tavsiyelerin yerine geçmemelidir.

İÇİNDEKİLER

İÇİNDEKİLER 3
GİRİİŞ 6
VOTKA 7
1. SARIMSAK-HABANERO VOTKA 8
2. LAVANTA-BIBERIYE LIKÖR _ 10
3. CANLANDIRICI KARPUZ VOTKASI 12
4. CEVİZ LİKÖR 14
5. MUZ LIKÖRÜ 16
6. MEYAN KÖKÜ LIKÖRÜ 18
7. ERIK LIKÖRÜ 20
8. MANDALINA LIKÖRÜ 22
9. YENIBAHAR LIKÖRÜ 24
10. LAVANTA LIKÖRÜ _ 26
11. YEŞIL ÇAY LIKÖRÜ 28
12. TARÇIN LIKÖRÜ 30
13. VANILYA-KAHVE LIKÖRÜ 32
14. NANELI LIKÖR 34
15. TATLI PORTAKAL VE KARANFIL LIKÖRÜ 36
16. ÇILEK VE LIMONCELLO 38
17. SICAK TEREYAĞLI ELMA ŞARABI 40
18. NANE SCHNAPPS LIKÖRÜ 42
19. LIMON LIKÖRÜ 44
20. BAHARATLI BITKISEL LIKÖR 46
21. ANANAS VOTKA LIKÖRÜ 48
22. AHUDUDU KATKILI VOTKA 50
23. PAPAYA LIKÖRÜ 52
24. YABAN MERSINI LIKÖRÜ 54
25. ÇIKOLATA LIKÖRÜ 56
26. HINDISTANCEVIZI LIKÖRÜ 58
27. CURAÇAO LIKÖRÜ 60
28. GREYFURT LIKÖRÜ 62
29. BAL LIKÖRÜ 64
30. ÇAY LIKÖRÜ 66
31. NANE LIKÖRÜ 68
32. ANGELICA LIKÖRÜ 70
33. YABAN MERSINI VE PORTAKAL LIKÖRÜ 72
34. KIMYON TOHUMU LIKÖR 74
35. ELMA VOTKA LIKÖRÜ 76
36. P HER VOTKA LİKÖRÜ 78
37. AQUAVİT VOTKA 80
38. AĞAÇ KAVUNU VOTKA 82
39. TURUNCU ACI 84

40. ÇİLEK VANİLYA VOTKA 86
41. LİMON NAR LİKÖRÜ 88
42. BÖĞÜRTLEN TURUNCU AŞILANMIŞ VOTKA 90
43. HATMİ VOTKA 92

TEKİLA 94
44. LİMON OTU-ZENCEFİL LİKÖR 95
45. MARGARITA LİKÖRÜ 97
46. MEKSİKA ÇAYI YUMRUK 99
47. JALAPENO BİBERİ KİREÇ TEKİLA 101
48. ANANAS VE SERRANO TEKİLA 103
49. ZENCEFİL LİMON OTU TEKİLA 105
50. BADEM ALTIN LİKÖRÜ 107

ROM 109
51. KAHVE LİKÖR 110
52. MUZ VE HİNDİSTAN CEVİZİ LİKÖR 112
53. BAHARATLI ROM 114
54. YASEMİN ÇAY LİKÖR 116
55. MOCHA KREM LİKÖR 118
56. İSVEÇÇE MEYVE İÇİNDE LİKÖR 120
57. KIZILCIK LİKÖRÜ 122
58. KREMALI ROM LİKÖRÜ 124
59. ANANAS ROM 126
60. NARENCİYE SANGRİA 128
61. MEYVE YUMRUK 130

VİSKİ 132
62. LİMON AŞILANMIŞ BURBON 133
63. PASTIRMA İÇEREN ESKİ MODA 135
64. ŞEFTALI VE TARÇIN LİKÖRÜ 137
65. ÇİKOLATALI KREMALI LİKÖR 139
66. BING KIRAZ _ LİKÖR 141
67. PORTAKAL VE BAL LİKÖR _ 143
68. KREMALI LİKÖRDEN HOŞLANIRIM 145
69. KIZILCIK TURUNCU VİSKİ 147
70. KAHVE-VANİLYA BURBON 149
71. VİŞNE VANİLYA BURBON 151
72. ELMA-TARÇIN VİSKİ 153
73. VANİLYA FASULYE BURBON 155

CİN 157
74. CAJUN MARTINI 158
75. KIZILCIK CİN 160
76. POMANDER CİN 162
77. LİMON ZENCEFİL KAKULE CİN 164
78. ELMA VE ARMUT CİN 166

79. YEŞİL ÇAY CİN 168
BRENDİ **170**
80. MANDALINA _ LİKÖR 171
81. AMARETTO LİKÖRÜ 173
82. KAYISI LİKÖRÜ 175
83. AHUDUDU LİKÖR 177
84. ELMALI TARÇINLI BRENDİ 179
85. KALİFORNİYA YUMURTA LİKÖRÜ 181
86. KİRAZ BRENDİ 183
87. BADEM LİKÖRÜ 185
88. ARMUT LİKÖRÜ 187
89. ZENCEFİL LİKÖR 189
90. KAHVE VANİLYA LİKÖR 191
91. KAKULE-İNCİR BRENDİ 193
92. ERİK-TARÇIN BRENDİ 195
93. CHAİ-ARMUT BRENDİ 197
KONYAK **199**
94. BÜYÜK PORTAKAL-KONYAK LİKÖRÜ 200
95. TAZE INCIR CURACAO 202
96. CHAİ İNFÜZYONU KONYAK 204
97. KİRAZ AŞILANMIŞ KONYAK 206
98. İNCİR VE GRAND MARNIER LİKÖRÜ 208
99. ŞEFTALİ AŞILANMIŞ KONYAK 210
100. ANANASLI PORTAKAL ACI LİKÖRÜ 212
ÇÖZÜM **214**

GİRİŞ

"EN İYİ BOTANİK KOKTEYL KILAVUZU" da en taze bitkilerin, meyvelerin ve botanik harikalarının bir lezzet senfonisi yaratmak için bir araya geldiği büyüleyici dünyaya adım atın. Bu kılavuz, sizi en sevdiğiniz alkollü içkileri büyüleyici karışımlara dönüştüren 100 hızlı ve kolay tarifi keşfetmeye davet ettiğimiz, bahçeden cama miksoloji dünyasına geçiş pasaportunuzdur.

Bu botanik macerada, bahçenizdeki şifalı otların kokteyl oyununuzu nasıl yeni boyutlara taşıyabileceğini göstererek doğa ve miksolojinin canlı kesişimini kutluyoruz. Güneşle ıslanan öğleden sonraları, çiçek açan çiçeklerin kokusunu taşıyan hafif esintiyi ve bahçeden gelen taze bir iksirle dolu bir bardaktaki buz küplerinin tıngırdamasını hayal edin. Sıradanlığın ötesine geçen, her yudumda sizi botaniklerin güzelliğini kucaklamaya davet eden duyusal bir deneyim.

İster deneyimli bir miksolog, ister repertuarınıza botanik bir dokunuş katmak isteyen bir ev barmeni olun, bu kılavuz ilham vermek ve keyif vermek için tasarlanmıştır. Klasik kombinasyonlardan yenilikçi dokunuşlara kadar her tarif, botanik kokteyl sanatının bir kanıtıdır ve onları hem acemiler hem de meraklılar için erişilebilir kılar.

O halde, karışıklığınızı kapın, en sevdiğiniz bitkileri seçin ve "En İyi Botanik Kokteyl Rehberi"ne dalarak tat, aroma ve görsel zevk dolu bir yolculuğa çıkalım.

VOTKA

1. Sarımsak-Habanero Votka

İÇİNDEKİLER:
- 1 habanero biber
- 1 sarımsak ampulü, ayrılmış ve soyulmuş
- 750 mililitrelik şişe votka

TALİMATLAR:
a) Sarımsak ve habanero biberini bir Mason kavanoza yerleştirin.
b) Kavanozu votkayla doldurun. Kapatın ve iyice çalkalayın.
c) 3 ila 5 saat boyunca dik.
ç) Votkayı ince gözenekli bir süzgeçten süzün.

2.Lavanta-Biberiye likör

İÇİNDEKİLER:
- 750 mililitrelik şişe votka
- 1 dal taze biberiye, durulanmış
- 2 dal taze lavanta, durulanmış

TALİMATLAR:
a) Bitkileri bir Mason kavanoza yerleştirin.
b) Votkayı kavanoza dökün.
c) Birkaç kez çalkalayın ve üç ila beş gün boyunca demleyin.
ç) Otları süzün.

3.Canlandırıcı Karpuz Votkası

İÇİNDEKİLER:
- 750 mililitrelik şişe votka
- 1 karpuz, küp şeklinde

TALİMATLAR:
a) Bir infüzyon kavanozuna küp şeklinde karpuz koyun.
b) Votkayı meyvenin üzerine dökün ve birkaç kez çalkalayın.
c) Kapağı kapatın ve 4 ila 6 gün boyunca demleyin.
ç) Günde bir veya iki kez çalkalayın.
d) Karpuzu votkadan süzün.

4.Ceviz likör

İÇİNDEKİLER:
- 2 pound tuzsuz, beyazlatılmamış badem, doğranmış
- 1 su bardağı şeker
- 1 şişe votka
- Şeker şurubu

TALİMATLAR:
a) Doğranmış fındıkları kavanoza koyun, şekeri ve votkayı ekleyin.
b) Bir ay boyunca her gün çalkalanarak dik.
c) Fındıkları süzün.
ç) Şeker şurubu ekleyin.

5.muz likörü

İÇİNDEKİLER:
- 2 olgun muz, soyulmuş ve püre haline getirilmiş
- 3 bardak votka
- 1 su bardağı şeker
- 1 çay kaşığı vanilya özü
- 1 bardak su

TALİMATLAR:
a) Ezilmiş muz, votka ve vanilyayı karıştırın.
b) 1 hafta boyunca dik.
c) Gerin.
ç) Şekeri ve suyu bir tavada birleştirin.
d) Orta ateşte kaynatın.
e) Şeker eriyene kadar kaynatın.
f) Şeker şurubu ekleyin.
g) Şişelere dökün ve kapağını sıkıca kapatın .
ğ) Servis yapmadan önce en az 1 ay demleyin.

6.Meyan kökü likörü

İÇİNDEKİLER:
- 2 yemek kaşığı ezilmiş yıldız anason
- 3 bardak votka
- 2 su bardağı şeker
- 1 bardak su

TALİMATLAR:
a) Yıldız anasonunu votkayla karıştırın ve 2 hafta boyunca demleyin.
b) Yıldız anasonunu süzün.
c) Şekeri ve suyu bir tencerede kaynatın.
ç) Şeker eriyene kadar kaynatın.
d) Şeker şurubu ve votka karışımını birleştirin.
e) Şişelere dökün ve sıkıca kapatın.
f) Servis yapmadan önce en az bir ay demleyin.

7.Erik Likörü

İÇİNDEKİLER:
- 1 pound taze, mor erik
- 2 bardak votka
- 1 su bardağı şeker
- 1 1 inçlik tarçın çubuğu bardak su
- 4 bütün karanfil

TALİMATLAR:
a) Erikleri çukurlaştırın ve erikleri 1 inçlik parçalar halinde kesin.
b) Erikleri, şekeri, tarçın çubuklarını, karanfilleri ve votkayı birleştirin.
c) Kapağını kapatıp 2 ay kadar demlenmeye bırakın.
ç) Kavanozu ara sıra çalkalayın.
d) Sıvıyı süzün.
e) Şişelere dökün ve sıkıca kapatın.
f) Servis yapmadan önce en az 1 ay demleyin.

8.Mandalina Likörü

İÇİNDEKİLER:
- 6 adet mandalina
- 2 bardak votka
- ½ bardak) şeker
- ¾ bardak su

TALİMATLAR:
a) Döner bıçaklı bir soyucu kullanarak mandalinaları soyun, beyaz zardan kaçınarak yalnızca kabuğunu kazıyın.
b) Kabukları votkayla birlikte bir kavanoza koyun.
c) Sıkıca kapatın ve serin ve karanlık bir yerde 3 hafta boyunca demlenmeye bırakın.
ç) Kavanozu ara sıra çalkalayın.
d) Sıvıyı süzün.
e) Şekeri ve suyu bir tavada birleştirin.
f) Orta ateşte kaynatın.
g) Şeker eriyene kadar kaynatın.
ğ) Soğutun ve ardından şeker şurubu ekleyin.
h) Şişelere dökün ve sıkıca kapatın. En az 1 ay boyunca dik.

9.Yenibahar Likörü

İÇİNDEKİLER:
- 3/4 çay kaşığı _ yer yenibaharı
- 1 1/2 bardak votka
- 1/2 bardak şeker şurubu

TALİMATLAR:
a) Malzemeleri 10 gün boyunca bekletin.
b) Gerilmek.
c) Şurup ekleyin.
ç) 1-6 ay olgunlaşır.

10.Lavanta likörü

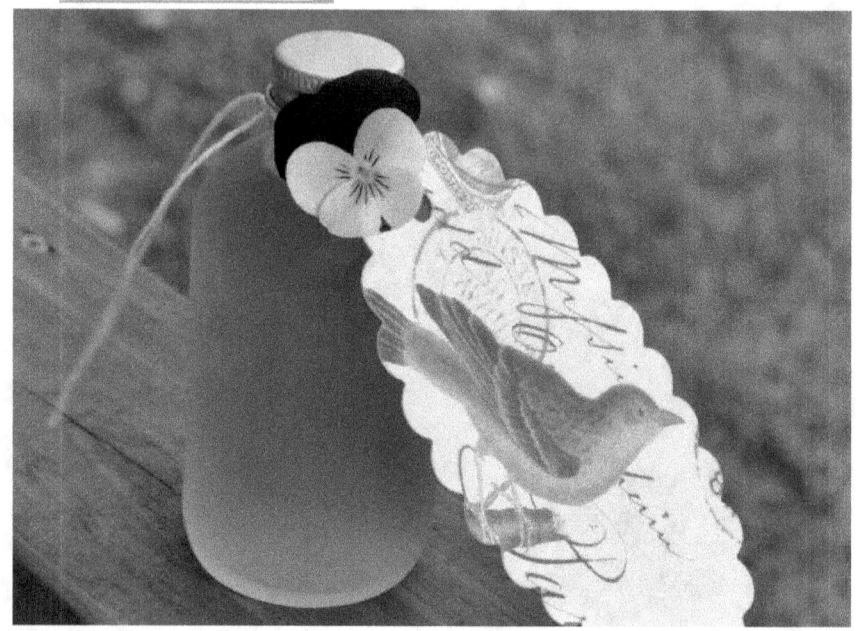

İÇİNDEKİLER:
- 6 yemek kaşığı Kurutulmuş Lavanta Yaprakları _
- 1 Beşinci 80 Dayanıklı Votka
- 1 Bardak Şeker Şurubu

TALİMATLAR:
a) Yaprakları bir hafta boyunca votkaya batırın.
b) Tülbentten süzün.
c) Şeker şurubunu ekleyin ve keyfini çıkarın .

11.Yeşil Çay Likörü

İÇİNDEKİLER:
- 6 çay kaşığı yeşil çay yaprakları
- 3 bardak votka
- 1 bardak şurup
- 2 damla yeşil gıda boyası

TALİMATLAR:
a) Çay yapraklarını votka içinde birleştirin ve 24 saat boyunca demleyin.
b) Yaprakları eklediğinizde kavanozu iyice çalkalayın.
c) Tatlandırıcıyı ekleyin ve ertesi gün renklendirin.

12.Tarçın likörü

İÇİNDEKİLER:

- 1 Tarçın çubuğu
- Karanfiller
- 1 çay kaşığı öğütülmüş kişniş tohumu
- 1 bardak votka
- ½ bardak Brendi
- ½ su bardağı Şeker şurubu

TALİMATLAR:
a) Tüm malzemeleri 2 hafta boyunca demleyin.
b) Berraklaşana kadar süzün ve şeker şurubunu ekleyin.
c) 1 hafta kadar demlendikten sonra servise hazır.

13.Vanilya-kahve likörü

İÇİNDEKİLER:

- 1½ su bardağı Esmer şeker; paketlenmiş
- 1 su bardağı toz şeker
- 2 bardak Su
- ½ fincan hazır kahve tozu
- 3 bardak Votka
- ½ Vanilya çekirdeği; bölmek

TALİMATLAR:
a) Şekeri ve suyu 5 dakika kaynatın.
b) Kahveyi yavaş yavaş karıştırın.
c) Votka ve vanilyayı karıştırın.
ç) 1 ay boyunca dik.
d) Vanilya çubuğunu çıkarın.

14. Naneli likör

İÇİNDEKİLER:
- 1¼ bardak Taze nane yaprakları, yıkanmış ve kesilmiş
- 3 bardak Votka
- 2 su bardağı toz şeker
- 1 bardak Su
- 1 çay kaşığı Gliserin
- 8 damla Yeşil gıda boyası
- 2 damla Mavi gıda boyası

TALİMATLAR:
a) Nane ve votkayı periyodik olarak çalkalayarak 2 hafta boyunca demleyin.
b) Nane yapraklarını likörden süzün ve atın.
c) Bir tavada şekeri ve suyu birleştirin.
ç) Sürekli karıştırarak kaynatın.
d) Gliserin ve gıda boyasını ekleyin.
e) 1-3 ay boyunca tekrar dik.

15.Tatlı portakal ve karanfil likörü

İÇİNDEKİLER:
- 3 bardak Votka
- 3 Bütün tatlı portakal, dilimler halinde kesilmiş
- ½ Limon
- 2 Bütün karanfil
- 1 su bardağı Temel şeker şurubu

TALİMATLAR:
a) Votka, portakal, limon ve karanfili karıştırın.
b) 10 gün boyunca dik.
c) Elenmiş katıları süzün ve atın.
ç) Şeker şurubu ekleyin.
d) Şişelere süzün ve 4 hafta boyunca tekrar demleyin.

16. Çilek ve limoncello

İÇİNDEKİLER:
- 30 adet taze çilek ikiye bölünmüş
- 4 çay kaşığı Limoncello likörü
- Taze kara biber
- 4 çay kaşığı taze portakal suyu

TALİMATLAR:
a) Çilekleri, portakal suyunu, likörü ve taze çekilmiş biberi birleştirin.

b) En az 30 dakika boyunca dik.

17.Sıcak tereyağlı elma şarabı

İÇİNDEKİLER:
- 1 litre elma şarabı
- 2 Tarçın çubuğu
- ¼ bardak Hafif mısır şurubu
- 3 Bütün karanfil
- 2 dilim limon
- 2 yemek kaşığı Tuzsuz tereyağı
- 6 ons elma likörü

TALİMATLAR:
a) Bir tavada elma şarabı, mısır şurubu, tereyağı, tarçın çubukları, karanfiller ve limon dilimlerini birleştirin.
b) Elma şarabı sıcak olana ve tereyağı eriyene kadar kısık ateşte ısıtın. Isıdan çıkarın.
c) Elma şarabı ısınırken, 6 kupanın veya ısıya dayanıklı bardağın her birine bir ons likör dökün.
ç) Sıcak şarabı kupalara dökün ve hemen servis yapın.

18.Nane schnapps likörü

İÇİNDEKİLER:

- ⅓ su bardağı toz şeker
- 1 6 ons Hafif mısır şurubu
- 2 bardak 80 derecelik votka
- 2 çay kaşığı Nane özü

TALİMATLAR:

a) Şekeri ve mısır şurubunu bir tavada 5 dakika ısıtın.
b) Şeker eridiğinde votkayı ekleyin ve iyice karıştırın.
c) Karışımı ocaktan alın ve bir kapakla örtün.
ç) Soğumaya bırakın.
d) Karışıma nane özünü ekleyin ve bir şişeye dökün.

19.Limon likörü

İÇİNDEKİLER:
- 2 Düzine limon, yıkanmış ve dilimlenmiş
- ½ çay kaşığı Öğütülmüş tarçın
- 6 Karanfil
- 2 pound Beyaz şeker
- 6 bardak 80'lik votka
- 2 bardak Su
- Yeşil gıda boyası

TALİMATLAR:
a) Misket limonu, tarçın, karanfil, votka, su ve beyaz şekeri birleştirin.
b) Şeker eriyene kadar iyice çalkalayın. Kapak.
c) İki hafta boyunca serin bir yere koyun.
ç) İnce bir elek ile süzün.
d) Berrak sıvıyı şişelere dökerek boşaltın.

20.Baharatlı bitkisel likör

İÇİNDEKİLER:

- 6 kakule kabuğu, tohumları çıkarılmış
- 3 çay kaşığı anason tohumu, ezilmiş
- 2¼ çay kaşığı Kıyılmış melekotu kökü
- 1 Tarçın çubuğu
- 1 Karanfil
- ¼ çay kaşığı Maca
- 1 Beşinci votka
- 1 su bardağı Şeker şurubu
- Konteyner: 1/2 galonluk kavanoz

TALİMATLAR:

a) Tüm malzemeleri birleştirin.
b) İyice çalkalayın ve 1 hafta boyunca demleyin.
c) Birkaç kez süzün.
ç) Şeker şurubunu ekleyin.

21.Ananas Votka Likörü

İÇİNDEKİLER:

- 1 Tatlı ananas soyulmuş; özlü ve dilimlenmiş
- 1 Şişe votka; 750ml
- 2½ ons Ananaslı votka
- ¾ ons Grand Marnier

TALİMATLAR:

a) Olgun bir ananası bir kaba koyun ve üzerini bir şişe votkayla örtün.
b) Buzdolabında en az 48 saat bekletin.

22.Ahududu katkılı votka

İÇİNDEKİLER:
- 25 onsluk şişe votka
- 1 litre Ahududu

TALİMATLAR:
a) Votkayı taze ahududuyla birleştirin.
b) 3 gün boyunca dik.

23.Papaya likörü

İÇİNDEKİLER:
- 1 adet limon dilimi, kabuğu soyulmuş
- 1 papaya, soyulmuş, çekirdekleri çıkarılmış ve küp şeklinde doğranmış
- 1 bardak votka
- ¼ bardak Şeker şurubu

TALİMATLAR:
a) Papayayı 1 hafta boyunca votka içinde bekletin.
b) Meyveyi süzerek suyunu çıkarın.
c) Şeker şurubu ekleyin.

24.Yaban mersini likörü

İÇİNDEKİLER:
- 3 su bardağı Taze yaban mersini, durulanmış ve ezilmiş
- Her birinden 1 adet Karanfil
- ½ su bardağı Şeker şurubu
- 2 bardak Votka
- Her birinden 1 adet Limonlu , kabuğu kazınmış

TALİMATLAR:
a) Çilekleri votka, limon kabuğu ve karanfil ile birleştirin.
b) 3 ay boyunca dik.
c) Katıları süzün.
ç) Şeker şurubu ekleyin.

25.Çikolata likörü

İÇİNDEKİLER:
- 2 çay kaşığı Saf çikolata özü
- ½ çay kaşığı Saf vanilya özü
- 1½ fincan Votka
- ½ su bardağı Şeker şurubu
- ½ çay kaşığı Taze nane
- 1 damla Nane özü

TALİMATLAR:
a) Tüm malzemeleri karıştırın ve 2 hafta bekletin.
b) Nane ve nane ekstraktını ekleyin.
c) 2 hafta daha dik.

26.hindistancevizi likörü

İÇİNDEKİLER:
- ½ bardak Brendi
- 2 su bardağı Paketlenmiş hindistan cevizi
- 4 Kişniş tohumu
- ¼ çay kaşığı Vanilya özü
- 3 bardak Votka

TALİMATLAR:
a) Tüm malzemeleri bir araya getirin ve 4 hafta boyunca demleyin.
b) Kavanozu birkaç günde bir çevirin.

27.Curaçao likörü

İÇİNDEKİLER:

- 3 yemek kaşığı acı portakal, soyulmuş ve dilimlenmiş
- 2⅔ bardak 80'lik votka
- 1⅓ bardak Su
- 2 su bardağı beyaz şeker
- 12 Bütün karanfil
- 1 çay kaşığı Öğütülmüş tarçın
- 2 çay kaşığı Bütün kişniş tohumu

TALİMATLAR:

a) Portakal dilimlerini, acı portakal kabuğu, karanfil, kişniş ve tarçınla birlikte bir kavanoza koyun.
b) Şekeri, votkayı ve suyu karıştırın.
c) Şeker eriyene kadar kuvvetlice çalkalayın.
ç) 5 haftaya kadar dik.
d) Süzün ve berraklaşmaya bırakın.

28.Greyfurt likörü

İÇİNDEKİLER:
- 6 greyfurt
- 3 bardak 80 derecelik votka
- 1 bardak Su
- 2 yemek kaşığı Bütün kişniş tohumu
- 1 çay kaşığı Öğütülmüş tarçın
- 4 su bardağı beyaz şeker

TALİMATLAR:
a) Malzemeleri birleştirin.
b) Birkaç hafta boyunca örtün ve dik.
c) Süzün ve likörün bir haftadan 10 güne kadar berraklaşmasına izin verin.
ç) Berrak likörü dökün.

29.Bal Likörü

İÇİNDEKİLER:
- 2 bardak Votka
- ¾ pound tatlım
- 1 portakalın uzun kabuğu
- 1 su bardağı ılık fakat kaynamayan su
- 1 Karanfil
- 2 Tarçın çubuğu, her biri 2 inç

TALİMATLAR:
a) Balı suda eritin.
b) Bal karışımını votkaya, baharatlara ve portakal kabuğuna ekleyin.
c) Birkaç günde bir dik, iyice mantarlanmış çalkalamaya izin verin.
ç) 2 veya 3 hafta boyunca dik.
d) Katıları süzün.

30. Çay likörü

İÇİNDEKİLER:
- 2 çay kaşığı Siyah çay yaprakları
- 1½ fincan Votka
- ½ su bardağı Şeker şurubu

TALİMATLAR:
a) Şurup dışındaki her şeyi 24 saat boyunca demleyin.
b) Süzün ve şeker şurubunu ekleyin.
c) 2 hafta boyunca dik.

31.Nane likörü

İÇİNDEKİLER:
- 2 çay kaşığı Nane özü
- 3 bardak Votka
- 1 su bardağı Şeker şurubu

TALİMATLAR:
a) Tüm malzemeleri birleştirin ve karıştırın.
b) 2 hafta boyunca dik.

32.Angelica likörü

İÇİNDEKİLER:
- 3 yemek kaşığı Kurutulmuş doğranmış melekotu kökü
- 1 yemek kaşığı kıyılmış badem
- 1 Yenibahar meyvesi, kırık
- ⅛ çay kaşığı toz kişniş tohumu
- 1 çay kaşığı _ kurutulmuş mercanköşk yaprakları
- 1 adet tarçın çubuğu, kırık
- 1½ fincan Votka
- ½ su bardağı toz şeker
- 6 anason tohumu, ezilmiş
- ¼ bardak Su
- Her sarı ve yeşil gıda boyasından 1 damla

TALİMATLAR:
a) Tüm otları, kuruyemişleri ve baharatları votkayla birleştirin.
b) Kapağını sıkıca kapatın ve 2 hafta boyunca her gün çalkalayın.
c) Süzün ve katıları atın.
ç) Demleme kabını temizleyin ve sıvıyı tekrar kaba koyun.
d) tavada ısıtın .
e) Gıda boyasını ekleyip liköre ekleyin.
f) 1 ay boyunca dik.

33.Yaban mersini ve portakal likörü

İÇİNDEKİLER:
- 1 su bardağı portakal aromalı likör
- 1 bardak Su
- 1 su bardağı Şeker
- 1½ pound Taze yaban mersini
- 20 adet taze lavanta çiçeği başları

TALİMATLAR:
a) Likörü, suyu ve şekeri bir tavada birleştirin.
b) Şeker eriyene kadar sık sık karıştırarak yiyin .
c) Yaban mersinlerini sıcak kavanozlara, her kavanoza da 4 adet lavanta başlığını koyun.
ç) Sıcak sıvıyı kavanozlara dökün.
d) Kavanozları sıcak su banyosunda 15 dakika ısıtın .

34.Kimyon tohumu likör

İÇİNDEKİLER:
- 4 yemek kaşığı kimyon tohumu, ezilmiş veya yarı öğütülmüş
- 1 su bardağı şeker
- 1 şişe votka
- 1 litrelik kavanoz

TALİMATLAR:
a) Tohumları temiz bir kavanoza koyun.
b) Şekeri ve votkayı ekleyin.
c) Bir ay boyunca her gün çalkalayın.
ç) Tohumları süzün ve şekeri ekleyin.

35.Elma Votka likörü

İÇİNDEKİLER:
- 2 kilo tart/tatlı lezzetli elma, çekirdeği çıkarılmış ve doğranmış
- 1 su bardağı şeker
- 1 şişe votka
- 1 yarım galonluk kavanoz

TALİMATLAR:
a) Şekeri ve brendiyi ekleyin ve kavanozun kapağını kapatın.
b) Bir ila iki ay boyunca her gün çalkalayın.
c) Meyveleri süzün ve şeker şurubunu ekleyin.

36.P her Votka likörü

İÇİNDEKİLER:

- 2 kilo olgun şeftali
- 1 su bardağı şeker
- 1 şişe votka

TALİMATLAR:

a) Şeftalileri, şekeri ve alkolü bir kavanoza ekleyin.
b) Bir ila iki ay boyunca günde bir kez üzerini örtün ve çalkalayın.
c) süzün, ardından şeker şurubu ile tatlandırın.
ç) Bu meyveler aynı zamanda bütün baharatlarla hafifçe baharatlanmış olarak da güzeldir.

37.aquavit votka

İÇİNDEKİLER:
- 50 ons kaliteli votka
- 3 yemek kaşığı kimyon tohumu, tost
- 2 yemek kaşığı kimyon tohumu, tost
- 2 yemek kaşığı dereotu tohumu, tost
- 1 yemek kaşığı rezene tohumu, tost
- 1 yemek kaşığı kişniş tohumu, tost
- 2 tam yıldız anason
- 3 bütün karanfil
- ½ organik limonu soyun ve şeritler halinde kesin.
- ½ organik portakalı soyun ve şeritler halinde kesin.
- 1 ons basit şurup

TALİMATLAR:
a) Tohumları bir havanda ve havanda hafifçe ezin, ardından bir infüzyon kavanozuna koyun.
b) Yıldız anason, karanfil, limon ve portakal kabuğunu, ardından votkayı ekleyin.
c) Bir kapakla sıkıca kapatın ve kısa süre çalkalayın.
ç) Oda sıcaklığında en az 2 hafta süreyle infüze edin. İnfüzyon sırasında kavanozu 2 günde bir çalkalayın.
d) Sıvıyı süzün.
e) Basit şurubu ve şişeyi ekleyin.

38.ağaç kavunu Votka

İÇİNDEKİLER:
- 750 ml votka
- ¼ bardak kurutulmuş organik limon kabuğu

TALİMATLAR:
a) 3 adet taze organik limonu soyun, ince şeritler halinde kesin, çekirdekleri yok
b) Yarım galonluk bir Mason kavanoza, limon kabuğu ve taze kabuğun üzerine votka dökün.
c) Örtün ve 2 gün boyunca yumuşamasını bekleyin.
ç) Limon kabuğunu süzün.

39. Turuncu Acı

İÇİNDEKİLER:
- İnce şeritler halinde kesilmiş 3 organik portakalın kabuğunu rendeleyin
- ¼ bardak kurutulmuş organik portakal kabuğu
- 4 bütün karanfil
- 8 adet yeşil kakule kabuğu, kırık
- ¼ çay kaşığı kişniş tohumu
- ½ çay kaşığı kurutulmuş yılan otu kökü
- ¼ çay kaşığı bütün yenibahar
- 2 bardak yüksek dayanıklı votka
- 1 bardak su
- 2 yemek kaşığı Zengin Şurup

TALİMATLAR:
a) Portakal kabuğu rendesini, kurutulmuş portakal kabuğunu, baharatları ve yılan otu kökünü 1 litrelik bir Mason kavanoza koyun.
b) Votkayı ekleyin.
c) Kapağını kapatıp 2 hafta bekletin.
ç) Günde bir kez çalkalayın.
d) Sıvıyı temiz 1 litrelik Mason kavanoza süzün.
e) Katıları bir tavaya aktarın. Kavanozun kapağını kapatıp bir kenara koyun.
f) Suyu tavadaki katıların üzerine dökün ve orta ateşte kaynatın.
g) Tavayı kapatın, ısıyı en aza indirin ve 10 dakika pişirin.
ğ) Tavadaki sıvı ve katıları başka bir 1 litrelik Mason kavanoza ekleyin.
h) Kapağını kapatıp bir hafta boyunca demleyin, kavanozu her gün çalkalayın.
ı) Tülbent kullanarak katıları süzün ve katıları atın. Sıvıyı orijinal votka karışımının bulunduğu kavanoza ekleyin.
i) Zengin şurubu ekleyin, iyice karıştırmak için karıştırın, ardından kapağı kapatın ve şurubu karıştırıp çözmek için sallayın.
j) 3 gün boyunca dik.
k) Daha sonra yüzeye çıkan her şeyi sıyırın ve tülbentten bir kez daha süzün.
l) Şişelemek için bir huni kullanın.

40.çilek Vanilya Votka

İÇİNDEKİLER:
- 1 litre votka
- 2 bardak çilek, dilimlenmiş
- 2 vanilya çekirdeği kabuğu, uzunlamasına bölünmüş

TALİMATLAR:
a) Vanilya çekirdekleriyle birlikte temiz bir cam kavanoza çilekleri ekleyin.
b) Votka ekleyin ve en az 3 gün demleyin.
c) Çilekleri ve vanilya çekirdeklerini süzün ve atın.
ç) Tüm tortuyu gidermek için birkaç kez süzün.

41.Limon Nar Likörü

İÇİNDEKİLER:
- 1 su bardağı nar taneleri
- 750 ml votka
- 1 limon, dilimler halinde kesilmiş

TALİMATLAR:
a) Tüm malzemeleri bir kavanozda birleştirin.
b) Beş gün boyunca dik, her gün sallayarak,
c) İnfüzyon bileşenlerini süzün.

42. Böğürtlen Turuncu aşılanmış Votka

İÇİNDEKİLER:
- 1 bardak böğürtlen
- 750 ml votka
- 1 organik portakal, dilimler halinde kesilmiş

TALİMATLAR:
a) Tüm malzemeleri bir kavanozda birleştirin.
b) Üç gün boyunca her gün çalkalayarak demleyin.
c) İnfüzyon bileşenlerini süzün.

43. Hatmi Votka

İÇİNDEKİLER:
- Parçalara bölünmüş marshmallow
- Votka

TALİMATLAR:
a) Marshmallowları french press'e koyun.
b) Votkayı marshmallowların üzerine dolana kadar basına dökün.
c) En az 12 saat boyunca dik.
ç) Süzün ve saklayın.

TEKİLA

44.Limon otu-zencefil likör

İÇİNDEKİLER:
- 2 sap taze limon otu, soyulmuş ve doğranmış
- 1 taze zencefil
- 750 mililitrelik şişe Blanco tekila

TALİMATLAR:
a) Limon otunu ve zencefili bir kavanoza koyun.
b) Tekilayı bitkilerin üzerine dökün ve çalkalayın.
c) Kapağını sıkıca kapatın ve yaklaşık 2 hafta boyunca dik tutun.
ç) Katıları süzün.

45.Margarita likörü

İÇİNDEKİLER:
- 1 limon kabuğu; sürekli bir spiral halinde kesilmiş
- 1 Şişe gümüş tekila
- 1 portakal kabuğu; sürekli bir spiral halinde kesilmiş
- 6 ons Cointreau

TALİMATLAR:
a) Bir narenciye ve limon kabuğunu tekilaya ekleyin ve ardından Cointreau'yu ekleyin.
b) En az 1 buzdolabında bekletin gün.
c) Likör acılaşmaya başlarsa kabuklarını çıkarın.

46.Meksika çayı yumruk

İÇİNDEKİLER:
- 2 bardak Tekila
- 2 bardak Çay; Güçlü, Soğuk
- 1 bardak Ananas Suyu
- ¼ bardak Bal
- ¼ bardak Su
- ¼ bardak Limon Suyu
- ¼ bardak Limon Suyu
- 1½ çay kaşığı Tarçın; Zemin
- 1½ çay kaşığı Aromatik Bitters

TALİMATLAR:
a) Tüm malzemeleri karıştırın.
b) Buz üzerinde servis yapın.

47. Jalapeno Biberi Kireç Tekila

İÇİNDEKİLER:
- 1 litre Blanco tekila
- 2 jalapeno, yuvarlak dilimlenmiş
- 2 limon, dilimlenmiş

TALİMATLAR:
a) Malzemeleri en az 12 saat boyunca demleyin.
b) Jalapeno ve limonları süzün ve atın.
c) Tüm tortuyu gidermek için birkaç kez süzün.
ç) Temiz bir kavanoza kapatın.

48.Ananas Ve Serrano Tekila

İÇİNDEKİLER:
- 750 ml Tekila
- Serrano şili biberi; tohumlanmış
- 1 dal tarhun
- 1 Ananas; soyulmuş, çekirdeği çıkarılmış ve doğranmış

TALİMATLAR:
a) Tüm malzemeleri karıştırıp iyice çalkalayın.
b) 48 ila 60 saat boyunca dik.
c) Tekilayı süzün ve 12 saat daha dondurun.
ç) Bir shot bardağında servis yapın.

49.Zencefil Limon otu Tekila

İÇİNDEKİLER:

- 750 mL'lik birinci sınıf Blanco tekila şişesi
- 2 sap limon otu
- 1 taze zencefil

TALİMATLAR:

a) Limon otunu alın ve kapağını soyun.
b) Limon otunu ve bir dilim zencefili ekleyin.
c) Tekilayı ekleyin.
ç) 2 hafta boyunca dik.
d) Süzme işleminden sonra sunucu.

50.Badem altın likörü

İÇİNDEKİLER:
- 8 ons Soyulmamış badem; kızarmış ve doğranmış
- ½ Vanilya çekirdeği; bölmek
- 1 Çubuk tarçın; 3 inç
- 1 Şişe altın tekila
- 2 yemek kaşığı Baharatlı piloncillo şurubu
- ¼ çay kaşığı Saf badem özü

TALİMATLAR:
a) Fındık, vanilya çekirdeği ve tarçını birleştirin.
b) Tekilayı ekleyin ve 2 hafta demleyin.
c) Birkaç kez süzün.
ç) Şurup ve badem özü ekleyin.
d) Bir kavanoza dökün ve 2 hafta daha demleyin.

ROM

51.Kahve Likör

İÇİNDEKİLER:
- 1 soğuk demlenmiş kahve tarifi
- ½ bardak su
- ½ su bardağı koyu kahverengi şeker
- 1 bardak koyu rom
- ½ vanilya çekirdeği, bölünmüş

TALİMATLAR:
a) Suyu ve esmer şekeri yüksek ateşte kaynatın.
b) Kaynatın ve şekeri eritmek için karıştırın.
c) Şeker şurubu, rom ve kahveyi bir kavanozda birleştirin.
ç) Vanilya tohumlarını karıştırın ve kahve karışımına ekleyin.
d) Kapağı tekrar kavanozun üzerine koyun ve günde bir kez çalkalayarak en az 2 hafta demleyin.
e) Vanilya çubuğunu çıkarın.

52.Muz ve Hindistan cevizi likör

İÇİNDEKİLER:

- ½ bardak buharlaştırılmış süt
- 1½ bardak Rom
- ½ fincan Votka
- 2 olgun muz; püre
- ½ bardak Şekerli yoğunlaştırılmış süt
- 2 çay kaşığı Hindistan cevizi özü
- 1 su bardağı Hindistan cevizi kreması

TALİMATLAR:

a) Muz, hindistan cevizi özü, rom, süt ve votkayı karıştırın.
b) Hindistan cevizi kremasını ekleyin ve tekrar nabız atın.

53.Baharatlı ROM

İÇİNDEKİLER:
- 1 bütün hindistan cevizi
- 3 yenibahar meyvesi
- 1 göbek portakalı, kabuğu rendelenmiş
- 1 vanilya çekirdeği, uzunlamasına bölünmüş
- 750 mililitrelik şişe yıllanmış rom
- 2 bütün karanfil
- 1 kakule kabuğu
- 4 adet karabiber
- Sorgum Şurubu
- 1 tarçın çubuğu, ezilmiş
- 1 yıldız anason

TALİMATLAR:
a) Küçük hindistan cevizinin tamamını temiz bir havluya koyun ve bir çekiçle vurun.
b) Küçük hindistan cevizini ve diğer tüm baharatları sote tavasına koyun.
c) Baharatları 2 dakika hafifçe kızartın.
ç) Ateşten alın ve soğumaya bırakın.
d) Bir öğütücüye aktarın ve nabızlayın.
e) Kabuğu 1 litrelik bir Mason kavanoza koyun ve romu ve kızarmış baharatları ekleyin.
f) Kapağı kapatın, karıştırmak için çalkalayın ve 24 saat boyunca demleyin.
g) Baharatlı romu bir süzgeçten süzün.
ğ) Temiz bir cam kavanoza veya şişeye dökün ve etiketleyin.

54.Yasemin çay likör

İÇİNDEKİLER:
- 1 pint Koyu rom
- ½ bardak Yasemin çayı
- 1 su bardağı Şeker şurubu

TALİMATLAR:
a) Şurup dışındaki her şeyi 24 saat boyunca demleyin.
b) Şeker şurubunu ekleyin.

55.Mocha krem likör

İÇİNDEKİLER:
- ¼ çay kaşığı Hindistan cevizi özü
- 4 çay kaşığı hazır espresso kahve tozu
- 1 bardak koyu rom
- ½ çay kaşığı Öğütülmüş tarçın
- ½ çay kaşığı Vanilya özü
- 1 bardak Ağır krema
- 1 kutu şekerli yoğunlaştırılmış süt
- ¼ fincan Çikolata aromalı şurup

TALİMATLAR:
a) Tüm malzemeleri bir mutfak robotunda birleştirin.
b) Karışım pürüzsüz hale gelinceye kadar nabız atın.

56. İsveççe meyve içinde likör

İÇİNDEKİLER:
- 1 litre yaban mersini, kabuğu çıkarılmış
- 1 litrelik Ahududu, kabuklu
- 1 litre Çilek, kabuğu çıkarılmış
- 1 litre Kırmızı kuş üzümü
- 1 su bardağı toz şeker
- ⅔ bardak Brendi
- ⅔ bardak Hafif rom
- Süslemek için krem şanti

TALİMATLAR:
a) Çilekleri ve kırmızı kuş üzümlerini bir cam kaseye koyun.
b) Ara sıra karıştırarak şeker, brendi ve rom ekleyin.
c) Gece boyunca buzdolabında dik.

57. Kızılcık likörü

İÇİNDEKİLER:
- 8 su bardağı Çiğ kızılcık, Kıyılmış
- 6 su bardağı Şeker
- 1 litre Light veya amber rom

TALİMATLAR:
a) Kızılcık, şeker ve romu bir kavanozda birleştirin.
b) 6 hafta boyunca her gün çalkalanarak dik.
c) Şurubu süzün.

58.Kremalı rom likörü

İÇİNDEKİLER:
- 400 ml yoğunlaştırılmış süt
- 300 mililitre Krem
- 2 çay kaşığı hazır kahve kaynamış suda eritilmiş
- 300 mililitre Süt
- ¾ bardak Rom
- 2 yemek kaşığı Çikolata sosu

TALİMATLAR:
a) Tüm malzemeleri karıştırın.
b) Soğutulmuş hizmet.

59.Ananas ROM

İÇİNDEKİLER:
- 1 ananas, çekirdeği çıkarılmış ve mızrak şeklinde dilimlenmiş
- 1 litre beyaz rom

TALİMATLAR:
a) Ananas ve romu bir cam kavanozda birleştirin ve kapatın.
b) En az 3 gün ısrar edin.
c) İnce bir süzgeçten geçirin ve ananası atın.
ç) Temiz bir kavanoza kapatın.

60. Narenciye Sangria

İÇİNDEKİLER:
- 750 mililitrelik şişe tatlı Moscato
- 1½ su bardağı ananas suyu
- 1 bardak beyaz rom
- 1 bardak ananas parçaları
- 2 limon, dilimlenmiş
- 2 portakal, dilimlenmiş

TALİMATLAR:
a) Tüm malzemeleri bir sürahide birleştirin ve karıştırın.
b) Servis yapmadan önce en az 2 saat buzdolabında bekletin.

61.Meyve Yumruk

İÇİNDEKİLER:
- 6 bardak meyve püresi
- 3 bardak ananas suyu
- 2 bardak şeftali likörü
- 2 bardak beyaz rom
- 1 su bardağı limonlu soda
- ¼ bardak limon suyu
- 2 limon, dilimlenmiş ve dondurulmuş
- 1 portakal, dilimlenmiş ve dondurulmuş

TALİMATLAR:
a) Meyve kokteyli, ananas suyu, şeftali likörü, rom, soda ve limon suyunu bir sürahide birleştirin.
b) İyice birleşene kadar karıştırın, ardından üzerini kapatın ve iyice soğuyuncaya kadar buzdolabında saklayın.
c) Meyve punçunu bir panç kasesine dökün, ardından dondurulmuş meyveyi ekleyin.
ç) Servis yapın ve tadını çıkarın!

VİSKİ

62. Limon aşılanmış Burbon

İÇİNDEKİLER:
- 2 ons zencefil likörü
- 2 ons burbon
- ½ organik limon

TALİMATLAR:
a) Zencefil likörünü ve limonu bir karıştırma bardağına koyun.
b) Bir çamurcuyla iyice karıştırın.
c) Yaklaşık bir bardak kırık buz ve burbon ekleyin.
ç) Cam donana kadar iyice karıştırın.
d) Bir kokteyl bardağına veya şarap bardağına dökün; zorlamayın.
e) Bir limon dilimiyle süsleyin.

63. Pastırma İçeren Eski Moda

İÇİNDEKİLER:
BURBON-PASTIRMA:
- 4 dilim domuz pastırması, pişmiş ve yağı ayrılmış
- 750 ml. bir şişe burbon

ESKİ MODA:
- 2 dilim Angostura bitteri
- 2 ons pastırma ile aşılanmış burbon
- 1/4 ons akçaağaç şurubu

TALİMATLAR:
Pastırma ile aşılanmış burbon için
a) Burbon ve pastırma yağını gözeneksiz bir kapta birleştirin.
b) Süzün ve dondurucuda 6 saat bekletin.
c) Yağı çıkarın ve karışımı tekrar şişeye süzün.

KOKTEYL İÇİN
ç) Pastırmayla aşılanmış burbonu, akçaağaç şurubunu ve acıları buzla birleştirin.
d) Buzla doldurulmuş soğutulmuş bir kaya bardağına süzün.

64.Şeftali ve Tarçın likörü

İÇİNDEKİLER:
- 1½ pound Şeftali; soyulmuş ve dilimlenmiş
- 1½ bardak Şeker
- 4 Limon kabuğu; şeritler
- 3 Bütün karanfil
- 2 Tarçın çubuğu
- 2 bardak Bourbon

TALİMATLAR:
a) şeker eriyene kadar iki kez karıştırarak 40 dakika ısıtın.
b) Örtün ve 3 ila 4 gün demlenmeye bırakın.
c) Kullanmadan önce süzün.

65.Çikolatalı kremalı likör

İÇİNDEKİLER:

- 2 bardak Ağır krema
- 1 bardak Viski
- ¼ fincan Şekersiz kakao tozu
- 14 ons Şekerli yoğunlaştırılmış süt
- 1½ yemek kaşığı Vanilya özü
- 1 yemek kaşığı Hazır espresso tozu
- 1 yemek kaşığı Hindistan cevizi özü

TALİMATLAR:

a) Bir mutfak robotunda tüm malzemeleri pürüzsüz hale gelinceye kadar çalıştırın.

66.Bing Kiraz likör

İÇİNDEKİLER:
- 2 dilim limon
- 1 Beşinci VO
- Bing kirazları
- 2 yemek kaşığı Şeker

TALİMATLAR:
a) Her kavanozun yarısını kirazlarla doldurun.
b) Her birine bir dilim limon ve bir çorba kaşığı şeker ekleyin.
c) Daha sonra üzerini VO ile doldurun, kapağını sıkıca kapatın, çalkalayın ve serin bir yerde 6 ay boyunca demleyin.

67.Portakal ve Bal Likör

İÇİNDEKİLER:
- 1 şişe viski
- 2 su bardağı portakal çiçeği balı
- 2 portakal veya mandalina kabuğu rendesi
- 4 yemek kaşığı kişniş tohumu, çürük

TALİMATLAR:
a) Kavanozdaki her şeyi karıştırın.
b) Kapağı kapatın ve bir ay boyunca günde bir kez sallayın.
c) Süzün ve likörü şişeleyin.

68.Kremalı likörden hoşlanırım

İÇİNDEKİLER:
- 1¼ bardak İrlanda Viskisi
- 14 ons Şekerli yoğunlaştırılmış süt
- 1 bardak Ağır krema
- 4 yumurta
- 2 yemek kaşığı Çikolata aromalı şurup
- 2 çay kaşığı hazır kahve
- 1 çay kaşığı Vanilya özü
- ½ çay kaşığı Badem özü

TALİMATLAR:
a) Tüm malzemeleri pürüzsüz hale gelinceye kadar bir blenderde çekin.

69.Kızılcık Turuncu Viski

İÇİNDEKİLER:
- 2 tarçın çubuğu
- ½ bardak taze kızılcık
- 1 portakal, dilimler halinde dilimlenmiş
- 1 litrelik viski

TALİMATLAR:
a) Kızılcık, portakal, viski ve tarçın çubuğunu bir cam kavanozda birleştirin.
b) En az 3 gün ısrar edin.
c) Kızılcık, portakal ve tarçını süzün ve atın.
ç) Temiz bir kavanoza kapatın.

70.Kahve-Vanilya Burbon

İÇİNDEKİLER:

- 2 vanilya fasulye , bölünmüş
- 1/2 bardak Kahve fasulye biraz ezilmiş
- 32 ons viski _

TALİMATLAR:

a) Her şeyi birleştirin ve en az 2 gün boyunca serin ve karanlık bir yerde demleyin.

71.Vişne vanilya Burbon

İÇİNDEKİLER:
- 2 vanilya fasulye, bölünmüş
- 8 ons kurutulmuş veya taze kirazlar
- 32 ons viski _

TALİMATLAR:

a) Her şeyi birleştirin ve en az 2 gün boyunca serin ve karanlık bir yerde demleyin.

72. Elma-Tarçın Viski

İÇİNDEKİLER:
- 2 elmalar, soyulmuş Ve doğranmış
- A avuç ile ilgili tarçın sopa
- 32 ons viski _

TALİMATLAR:

a) Her şeyi birleştirin ve en az 2 gün boyunca serin ve karanlık bir yerde demleyin.

73. Vanilya Fasulye Burbon

İÇİNDEKİLER:
- En sevdiğiniz Bourbon'dan 8 ons
- 2 vanilya çekirdeği, uzunlamasına bölünmüş

TALİMATLAR:
a) Her şeyi birleştirin ve 4 gün boyunca demleyin.
b) İnfüzyonun gerçekleşmesi için günde birkaç kez çalkalayın.
c) Vanilya çubuğunu süzüp servis yapın.

CİN

74.Cajun martini

İÇİNDEKİLER:
- 1 Jalapeno biberi; sapına kadar dilimlenmiş
- ½ Şişe Cin
- ½ Şişe Vermut

TALİMATLAR:
a) Cin şişesine jalapeno ekleyin ve cini vermutla doldurun.
b) 8 ila 16 saat buzdolabında saklayın.
c) Temiz bir şişeye süzün.

75.Kızılcık cin

İÇİNDEKİLER:

- 1 Şişe cin
- 6 ons Kızılcık
- 7 ons Şeker
- Birkaç beyazlatılmış badem; çatlak
- 1 adet çubuk tarçın
- Karanfiller

TALİMATLAR:

a) Cin'i bir sürahiye dökün.
b) Kızılcıkları şiş veya çatalla delip, boş cin şişesinin yarısına kadar doldurun.
c) Şekeri, bademleri ve baharatları ekleyin.
ç) Şişeyi doldurmak için cini geri dökün. Sıkıca kapatın.
d) Sıcak bir yerde birkaç gün bekletin, şeker eriyene kadar şişeyi ara sıra çalkalayın.

76.Pomander cin

İÇİNDEKİLER:

- 1 Sevilla portakalı
- 2 Bütün karanfil
- 3 ons Şeker
- 1 Şişe cin

TALİMATLAR:

a) Karanfilleri portakalın içine batırın ve ardından portakal ve şekeri geniş ağızlı bir kavanoza koyun.
b) Cin ekleyin ve şeker eriyene kadar çalkalayın.
c) Serin bir yerde 3 ay kadar bekletin.
ç) Katıları süzün ve atın.

77.Limon Zencefil Kakule Cin

İÇİNDEKİLER:
- 4 adet kakule kabuğu
- 2 parça soyulmuş zencefil, yuvarlak dilimlenmiş
- 3 limon, halkalar halinde dilimlenmiş
- 1 litrelik cin

TALİMATLAR:
a) Cin, limon, zencefil ve kakule kabuklarını bir cam kavanozda birleştirin.
b) En az 3 gün ısrar edin.
c) Katıları süzün.

78.Elma Ve Armut Cin

İÇİNDEKİLER:
- 750 ml'lik şişe cin
- 4 kırmızı elma, dilimlenmiş
- 1 armut, dilimlenmiş
- 1/4 kiloluk kurutulmuş armut

TALİMATLAR:
a) Cin ve meyveleri bir kavanozda karıştırın ve çalkalayın.
b) Karanlık bir yere dikin.
c) Meyveleri süzün.

79.Yeşil Çay Cin

İÇİNDEKİLER:
YEŞİL ÇAY İÇEREN CİN İÇİN
- 750ml şişe cin
- 1/4 bardak yeşil çay yaprakları

TUZLU ANTEP FISTIĞI BALI ŞURUBU İÇİN
- 1/2 su bardağı su
- 1/2 su bardağı tuzlu fıstık
- 1/2 bardak bal

TALİMATLAR:
a) Tüm malzemeleri birleştirin ve 2 saat bekletin.
b) Çay yapraklarını süzün.

BRENDİ

80.Mandalina Likör

İÇİNDEKİLER:

- 32 ons brendi
- 2 kilo organik mandalina soyulmuş, dilimlenmiş
- ½ su bardağı kurutulmuş organik tatlı portakal kabuğu
- Basit şurup

TALİMATLAR:

a) Kabuğu iki kavanoz arasında bölün. Her kavanozun üst kısmına yaklaşık bir inç mesafeye brendi ekleyin.
b) Kavanozları en az 2 gün güneşten uzak bir yerde bekletin.
c) Kavanozları günde bir kez çalkalayın.
ç) Meyveleri brendiden süzün.
d) Basit şurup ve bir şişe ekleyin.
e) En az bir ay boyunca serin ve karanlık bir yerde bekletin.

81. Amaretto likörü

İÇİNDEKİLER:
- 1 su bardağı Şeker şurubu
- ¾ bardak Su
- 2 yarım kuru kayısı
- 1 yemek kaşığı Badem özü
- ½ bardak saf tahıl alkolü ve
- ½ bardak Su
- 1 bardak Brendi
- 3 damla Sarı gıda boyası
- 6 damla Kırmızı gıda boyası
- 2 damla Mavi gıda boyası
- ½ çay kaşığı Gliserin

TALİMATLAR:
a) Tüm şeker eriyene kadar pişirin.
b) Yarım kayısı, badem özü ve tahıl alkolünü ½ bardak su ve brendi ile birleştirin.
c) Şeker şurubu karışımını karıştırın.
ç) Kapağı kapatın ve 2 gün boyunca demleyin. Kayısı yarımlarını çıkarın.
d) Gıda boyası ve gliserin ekleyin.
e) 1 ila 2 ay boyunca tekrar dik.

82. Kayısı Likörü

İÇİNDEKİLER:

- 1 bardak su
- 1 pound kuru, çekirdeksiz kayısı
- 1 yemek kaşığı pudra şekeri
- 1 su bardağı dilimlenmiş badem
- 2 bardak brendi
- 1 su bardağı şeker
- 1 bardak su

TALİMATLAR:

a) Kayısıları kaynamış suda 10 dakika bekletin.
b) Kalan suyu boşaltın.
c) Kayısı, pudra şekeri, badem ve brendiyi birleştirin.
ç) Karıştırmak için iyice karıştırın.
d) Sıkıca kapatın ve serin ve karanlık bir yerde en az 2 hafta bekletin.
e) Sıvıyı süzün.
f) Şekeri ve suyu bir tavada birleştirin.
g) Orta ateşte kaynatın.
ğ) Şeker tamamen eriyene kadar kaynatın.
h) Şeker şurubu ekleyin.
ı) Şişelere dökün ve sıkıca kapatın.
i) Servis yapmadan önce en az 1 ay demleyin.

83.Ahududu likör

İÇİNDEKİLER:
- 4 su bardağı Temiz kuru ahududu
- 4 bardak Brendi
- 1 su bardağı Şeker şurubu

TALİMATLAR:
a) Ahududu ve brendiyi bir kavanozda birleştirin.
b) 2 ay boyunca güneşli bir pencere kenarında kapatın ve dikin.
c) Ahududu likörüne şeker şurubunu ekleyin.
ç) Süzün ve saklayın.

84. Elmalı Tarçınlı Brendi

İÇİNDEKİLER:
- 1 pound kırmızı elma, dörde bölünmüş ve çekirdeği çıkarılmış
- 1 tarçın çubuğu
- 2 bütün karanfil
- 3 bardak brendi
- 1 su bardağı şeker
- 1 bardak su

TALİMATLAR:
a) Elmaları, tarçın çubuklarını, karanfilleri ve brendiyi bir kavanozda birleştirin.
b) Sıkıca kapatın ve serin ve karanlık bir yerde 2 hafta bekletin.
c) Sıvıyı süzün.
ç) Şekeri ve suyu bir tavada birleştirin. Orta ateşte kaynatın.
d) Şeker eriyene kadar kaynatın.
e) Şeker şurubu ekleyin.
f) Şişelere dökün ve sıkıca kapatın.
g) Servis yapmadan önce en az 1 ay demleyin.

85.Kaliforniya yumurta likörü

İÇİNDEKİLER:
- 1 litre Soğuk hazırlanmış yumurta likörü
- 1½ bardak Kayısı brendi
- ¼ fincan Üçlü Sn
- Süslemek için hindistan cevizi

TALİMATLAR:
a) Bir sürahide yumurta likörünü, kayısı brendisini ve Triple Sec'i karıştırın.
b) Tatları karıştırmak için en az dört saat boyunca örtün ve buzdolabında saklayın.
c) Hindistan cevizi ile süsleyin.

86.Kiraz Brendi

İÇİNDEKİLER:
- ½ pound Bing kirazı. saplı
- ½ pound Toz şeker
- 2 bardak brendi

TALİMATLAR:
a) Kirazları 1 litrelik bir kavanoza koyun.
b) Kirazların üzerine şekeri dökün.
c) Brendiyi şeker ve kirazların üzerine dökün.
ç) 3 ay boyunca dik. ÇALKALAMA.
d) Bir şişeye süzün.

87.Badem Likörü

İÇİNDEKİLER:
- 1 su bardağı Şeker şurubu
- 2 bardak votka
- 2 bardak brendi
- 2 çay kaşığı badem özü

TALİMATLAR:
a) Şeker şurubu, votka, brendi ve badem özünü birleştirin.
b) Şişelere dökün.
c) Servis yapmadan önce en az 1 ay demleyin.

88.Armut likörü

İÇİNDEKİLER:

- 1 pound sert olgun armut, özlü ve küp şeklinde
- 2 bütün karanfil
- 1 bardak brendi
- 1 1 inçlik tarçın çubuğu
- bir tutam küçük hindistan cevizi
- 1 su bardağı şeker

TALİMATLAR:

a) cevizi , şeker ve brendiyi birleştirin .
b) 2 hafta boyunca dik.
c) Kavanozu her gün çalkalayın. Sıvıyı süzün.

89.Zencefil Likör

İÇİNDEKİLER:
- 2 ons taze zencefil kökü, soyulmuş
- vanilya fasulyesi
- 1 su bardağı şeker
- 1½ su bardağı su
- 1 organik portakalın kabuğu rendesi
- 1½ bardak brendi

TALİMATLAR:
a) Bir tavada zencefili, vanilya çubuğunu, şekeri ve suyu kaynatın.
b) 20 dakika kaynatın.
c) Isıdan çıkarın ve soğumaya bırakın.
ç) Şurubu bir kavanoza dökün ve portakal kabuğu rendesini veya kabuğunu ve brendiyi ekleyin.
d) Mühürleyin, çalkalayın ve bir gün demlenmeye bırakın.
e) Vanilya çubuğunu çıkarın ve bir gün daha demlenmesini bekleyin.
f) Bir şişeye süzün ve kullanmadan önce 2 hafta boyunca demleyin.

90.Kahve vanilya likör

İÇİNDEKİLER:
- 2 ons iyi hazır kahve
- 2 su bardağı şeker
- 4 ons vanilya, doğranmış
- 1-2 Madagaskar veya Tahiti vanilya fasulyesi
- şişe brendi

TALİMATLAR:
a) Suyu, kahveyi ve şekeri kaynatmak için ısıtın.
b) Ateşten alıp soğutun.
c) 4 ons vanilyayı ekleyin.
ç) /brendiyi dökün ve karıştırın.
d) İki ila üç ay boyunca dik.
e) Vanilya çekirdeklerini süzün.

91. Kakule-İncir Brendi

İÇİNDEKİLER:
- 2 bütün kakule kabuğu
- 1 su bardağı kuru veya taze incir, ikiye bölünmüş
- 32 ons brendi _

TALİMATLAR:
a) Tüm malzemeleri birleştirin.
b) Bunları sıkıca kapatın ve serin ve karanlık bir yerde en az 2 gün bekletin.

92.Erik-Tarçın Brendi

İÇİNDEKİLER:
- 2 erik veya kuru erik, çekirdekleri çıkarılmış ve dörde bölünmüş
- bir avuç tarçın çubuğu
- 32 ons brendi _

TALİMATLAR:
a) İnfüzyon malzemelerinizi alkolün içerisine koyun ve kapağını sıkıca kapatın.
b) En az 2 gün serin ve karanlık bir yerde bekletin.

93.Chai-Armut Brendi

İÇİNDEKİLER:
- 2-3 chai çay poşeti
- 2 armut, dilimlenmiş
- 32 ons brendi _

TALİMATLAR:
a) Brendi içinde 2-3 chai çay poşetini demleyin.
b) 2 gün boyunca 2 armutla demlenmiş brendi.

KONYAK

94.Büyük portakal-konyak likörü

İÇİNDEKİLER:

- ½ su bardağı toz şeker
- 2 bardak konyak veya Fransız brendi
- ⅓ bardak Portakal kabuğu rendesi
- ½ çay kaşığı Gliserin

TALİMATLAR:

a) Kabuğu ve şekeri bir kaseye koyun.
b) Şeker emilinceye kadar havaneli ile ezin ve karıştırın.
c) Demleme kabına yerleştirin. Konyak ekleyin.
ç) Karıştırın, kapağını kapatın ve 2 ila 3 ay boyunca serin ve karanlık bir yerde bekletin.
d) İlk demlemenin ardından ince gözenekli bir süzgeçten geçirin.
e) Gliserini bir demleme kabına dökün ve bez torbayı süzgecin içine yerleştirin.
f) Bezin içinden süzün.
g) Birleştirmek için tahta kaşıkla karıştırın.
ğ) 3 ay daha dik.

95.Taze incir curacao

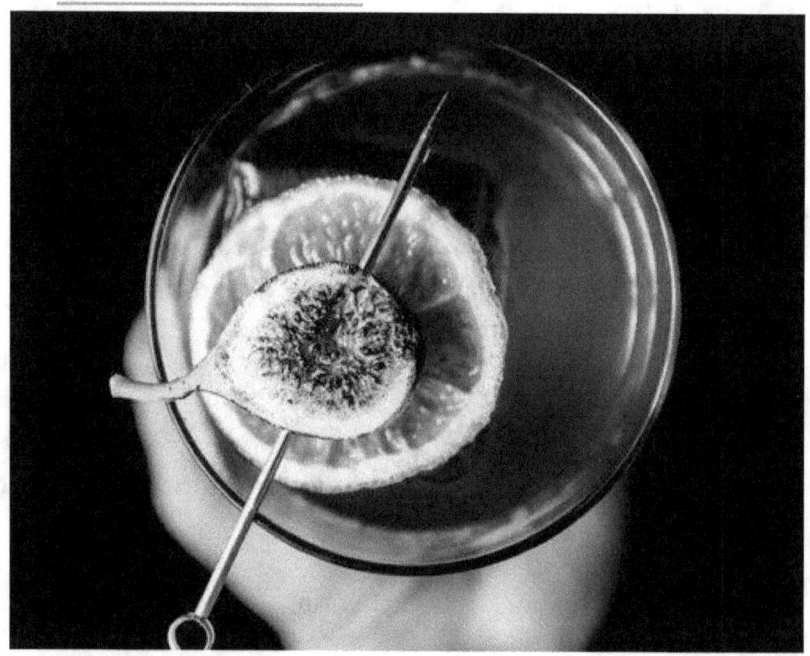

İÇİNDEKİLER:
- 12 İncir , soyulmuş ve dörde bölünmüş
- 1 yemek kaşığı konyak
- 1 su bardağı ağır krema, çırpılmış
- ⅓ bardak Curacao

TALİMATLAR:
a) İncirleri konyakta 30 dakika veya daha uzun süre marine edin.
b) Kremayı ve Cura cao'yu karıştırın .
c) İncirleri katlayın.

96.Chai İnfüzyonu Konyak

İÇİNDEKİLER:
- 8 ons konyak
- 2 chai çay poşeti

TALİMATLAR:
a) Bir kavanozda konyak ile çay poşetlerini birleştirin.
b) 2 saat boyunca dik.
c) Hava geçirmez bir kaba süzün.

97.Kiraz aşılanmış konyak

İÇİNDEKİLER:
- 33 ons konyak
- 0,15 ons Vanilya baklaları
- 23 ons Tatlı kiraz, çekirdekleri çıkarılmış
- 7 ons Pudra şekeri

TALİMATLAR:
a) İki litrelik bir kavanozu çekirdekleri çıkarılmış tatlı kirazlarla doldurun.
b) Pudra şekeri, vanilya çubuğu ve konyak ekleyin.
c) Kavanozu kapatın ve 2 hafta demleyin.

98. İncir ve Grand Marnier Likörü

İÇİNDEKİLER:
- 1/4 ons basit şurup
- 3/4 ons Grand Marnier
- 1/2 ons taze portakal suyu
- 2 ons incir katkılı konyak
- 1/2 ons taze limon suyu

TALİMATLAR:
a) Konyak, Grand Marnier, limon suyu, portakal suyu ve basit şurubu birleştirin.
b) İyice çalkalayın ve birkaç saat demleyin.
c) Bir bardağa iki kez süzün.

99.şeftali aşılanmış Konyak

İÇİNDEKİLER:
- 500 ml konyak
- 8 bütün kurutulmuş şeftali, doğranmış

TALİMATLAR:
a) Şeftalileri bir bardağa yerleştirin.
b) Konyak'ı bir kaba dökün, karıştırın ve üzerini kapatın.
c) 24 saat ışıktan uzak bir yerde bekletin.
ç) Şeftalileri süzün.

100.Ananaslı Portakal Acı Likörü

İÇİNDEKİLER:
- 1/2 ons ananasla aşılanmış konyak
- 1/4 ons maraschino likörü
- 1 tutam portakallı bitter
- 1 çizgi Angostura portakallı bitter

TALİMATLAR:
a) Konyak, maraschino likörü ve portakal bitterlerini birleştirin.
b) Birleştirmek için karıştırın.
c) Birkaç saat dik.

ÇÖZÜM

"En İyi Botanik Kokteyl Rehberi"nin son sayfalarına ulaşırken, bahçeden bardağa miksolojiye uzanan bu yolculuğun damak tadınızı heyecanla ürperttiğini umuyoruz. Botanik kokteyl dünyası, doğanın özüyle sadece tazelemekle kalmayıp aynı zamanda duyuları uyandıran içecek hazırlama sanatının bir kanıtıdır.

Lezzetli narenciye notalarından damağınızda dans eden aromatik bitkilere kadar bu 100 hızlı ve kolay tarif, taze malzemelerin en sevdiğiniz ruhlarla buluşmasıyla ortaya çıkan simyanın bir kutlamasıdır. İster canlı bir toplantı için bu kokteylleri karıştırmış olun, ister elinizde bahçeden gelen bir içecekle sessiz bir yansıma anının tadını çıkarmış olun, her yudumun sizi botanik mutluluk dolu bir yere taşıdığına güveniyoruz.

Bahçeden cama trendini keşfetmeye devam ederken, kendi kombinasyonlarınızı denemek ve botaniklerin güzelliğini miksoloji çalışmalarınıza getirmek için ilham alabilirsiniz. Bardak tokuşturmaların, kahkahaların ve her yudumda doğanın nimetlerinin enfes tadının hissedildiği sayısız anlara merhaba. Nihai botanik kokteyl deneyiminin şerefine!

www.ingramcontent.com/pod-product-compliance
Lightning Source LLC
Chambersburg PA
CBHW071907110526
44591CB00011B/1586